POMPEY

—◆◆◆—

EXTRAIT DES REGISTRES

DE

L'ETAT CIVIL

—◆◆◆—

NANCY

IMPRIMERIE DE N. COLLIN, RUE DE GUISE, 31 (ANCIENNE RUE SAINT-PIERRE).

1867

POMPEY.

EXTRAIT DES REGISTRES

DE L'ÉTAT CIVIL.

Les archives de Pompey possèdent un précieux manuscrit, c'est une série de cahiers ou registres de l'état civil de cette commune, de 1622 à 1750, sauf une lacune de dix-huit années.

La lecture de ces cahiers a donné lieu aux observations suivantes :

A en juger par le nombre des naissances, qui, de 1622 à 1638, a été, en moyenne, de vingt par année, et qui dépasse la moyenne actuelle, on pourrait croire que la population de Pompey a été plus forte que maintenant ; cependant, il y avait alors moins de maisons qu'aujourd'hui.

Pendant la même période, le nombre des décès était moindre, en moyenne, quoique le village de Pompey ait été bien éprouvé par la peste qui a sévi de 1629 à 1635 : dans cette dernière année, sur 32 décès, on compte 15 pestiférés.

L'établissement à Pompey de la Capitainerie, Prévôté, Gruerie et Recette de l'Avant-Garde donnait du mouvement au village, car le titulaire de cette charge amenait à sa suite plusieurs familles nouvelles.

Voici, par ordre de date, les noms de différents fonctionnaires ou employés, attachés à ladite charge :

1622. Noble Humbert, capitaine, prévôt et receveur de la tour de l'Avant-Garde.

1625. Monsieur de Goirand, prévôt, capitaine, gruyer et receveur de la tour de l'Avant-Garde.

1637. Monsieur de Choisy remplit les mêmes fonctions que le précédent.

A partir de cette époque, on ne trouve plus de capitaine de la tour de l'Avant-Garde, puisque le château fut démoli.

1680. Noble Robert Souchot, prévôt de l'Avant-Garde.

1702. Deffinicourt, prévôt, gruyer de l'Avant-Garde.

» Claude, chirurgien juré de l'Avant-Garde.

1717. Nicolas de Mercy, assesseur et garde-marteaux à la Prévôté de l'Avant-Garde.

1729. Claude Marchal, lieutenant-contrôleur de la Prévôté, Gruerie de l'Avant-Garde.

1731. Pierre François Blaize, procureur de S. A. R. en la Prévôté de Pompey, l'Avant-Garde.

1741. Nicolas Gabriel Nouet, assesseur et garde-marteaux de la Prévôté de l'Avant-Garde.

» Laurent Tricotel, prévôt, capitaine gruyer, chef de police à Pompey.

1746. Lucot, huissier, audiencier de la Prévôté.

1748. Dominique François, substitut de la Prévôté de l'Avant-Garde.

1749. Euchaire Parisot, procureur en la Prévôté.

1749. Noble Charles Vaultrin, avocat à la Cour, capitaine, prévôt royal, chef de police et ancien gruyer de l'Avant-Garde, Pompey et Frouard.

» Jean Servais, lieutenant en la Prévôté royale de l'Avant-Garde, Pompey et Frouard.

» Georges Thiebault, sergent en la Prévôté.

» Nicolas Mansuy Lucot, greffier en chef à la Prévôté.

» Beaudouin, sergent en la Prévôté.

Il y avait une garnison à la tour de l'Avant-Garde jusqu'en 1635. On trouve, avant cette époque, le nom de François Bulard, sergent de la garnison de l'Avant-Garde, en qualité de parrain ; celui du sieur la Taille, soldat de cette garnison, décédé en 1635 ; mais à partir de cette année il n'en est plus question. (1)

(1) On trouve aussi, à l'année 1714, un acte de baptême ainsi rédigé : Louis, fils légitime de Jacques Guillaume Jacquesson, vivandier dans la seconde brigade des gendarmes anglais, demeurant à Pompey, et de etc. : a eu pour parrain le sieur Louis Campion, brigadier dans les gendarmes anglais, et pour marraine, dame Marie Anne de St Urbain, épouse du sieur Vaultrin, prévôt royal de l'avant-garde, Pompey et Frouard.

Les mêmes registres nous font connaître les noms de trois maires, de plusieurs curés, de quelques maîtres ou régents d'école, et de deux ermites, résidant à Saint-Euchaire.

Voici les noms des maires :

Vincent, en 1626.

Cuny Ravaux, en 1634.

François Henry, en 1702.

Curés :

Symon, curé de Pompey de 1622 à 1638.

Claude Thouvenin, chanoine de Liverdun et curé de Pompey de 1650 à 1669.

Jobelin, de 1679 à 1694.

J. Husson, de 1694 à 1699.

Le père Amé de Saint Amé capucin, faisant l'office de curé à Pompey, 1700.

Le père Gabriel, de Nancy, capucin, faisant l'office de curé à Pompey.

Le père Léonard, de Thaisez, capucin, faisant l'office de curé à Pompey.

Le père Ananie, de Saint-Pranchez, capucin, faisant l'office de curé à Pompey.

Cl. de Chabannes, curé de Pompey de 1700 à 1701.

Deserf, de 1702 à 1750.

F. Columban, carme déchaussé, en l'absence du curé Deserf.

Thomas, curé de Frouard, en l'absence du curé Deserf.

F. Victor, Thiercelin, en l'absence du curé Deserf.

F. François Philippin, en l'absence du curé Deserf.

Philippin, chanoine de Bouxières, en l'absence du curé Deserf.

Théodore Boucher, prêtre, en l'absence du curé Deserf.

Anthoine Colin, en l'absence du curé Deserf.

Soulier, prêtre-vicaire de Liverdun, en l'absence du curé Deserf.

F. Pierre Joseph de la Ste-Trinité, carme, en l'absence du curé Deserf.

Charpentier, vicaire, en l'absence du curé Deserf.

Varinot, vicaire de Liverdun, en l'absence du curé Deserf.

Savoye, prêtre et religieux de l'ordre des Frères mineurs, en l'absence du curé Deserf.

Bastien, curé de Pompey en 1750.

L'ermitage de Saint-Euchaire a été occupé au moins jusqu'en 1725. Voici copie des actes de décès de deux ermites :

Le 5 mars 1678, mourut le frère Alexandre Piot, ermite à Saint-Euchaire, et fut enterré le 9 en son ermitage.

Le 18 avril 1725, est décédé le frère Dominique, ermite à Saint-Euchaire, après avoir reçu les sacrements de pénitence, d'eucharistie et d'extrême-onction, âgé de 68 ans environ, lequel a été inhumé dans le cimetière de Pompey, avec les cérémonies ordinaires, par nous curé soussigné,

DESERF.

Maîtres d'école :

Girard Dieudonné,
Grandjean,
Nicolas Lallouys,
Pierre Cauvillé,
Colon,
Léonard Coignard,
Parisot,
Jacques Jacob,
J.-B. Garry,
Petithon,
Pierre Houssard.
B. Henrion.

On trouve aussi dans les mêmes cahiers plus de 120 noms de familles éteintes ou qui ont émigré. Dans le premier cahier (1622), on rencontre plusieurs noms qui subsistent encore, tels que :

Paillier,
Didon, aujourd'hui Didion,
Vosgin, aujourd'hui Vosgien,
Viant,
Durand,
Dupal,
Barbe,
Brénon,
Faulconnier,

Jacques,
Humbert,
Henry,
Aubert,
Pierson,
Remauville;
Deschiens,
Oudin, etc.

Plusieurs familles nobles résidaient aussi à Pompey, c'étaient les :

De France,
De Condé.
De Mercy,
De Thiballier,

dont les noms se trouvent fréquemment sur les cahiers, on les prend volontiers comme témoins, comme parrains ou marraines. Une « honorée dame Marie-Louise de Warro, comtesse de Chabannes » a été souvent inscrite comme marraine.

On sait que jusqu'à la révolution de 1789 c'étaient les curés qui rédigeaient les actes civils, sans être astreints à des règles uniformes, à des formules invariables ; de là, selon le caprice du rédacteur, plus ou moins de concision, des détails circonstanciés et des indications intéressantes.

Tel curé écrivait tous les actes et signait au bas de chaque page ; tel autre ne signait pas du tout ; un troisième plus exact signait chaque acte, ce qui devint la règle à partir de 1679.

Quelquefois, c'est le curé qui écrit les actes, le plus souvent c'est le maître ou le régent d'école, ou l'échevin.

En 1685, une ordonnance du Roi prescrivit le papier timbré pour les actes, mais on ne se conforme à cette règle que jusqu'en 1700 (Fin de l'occupation française).

Jusqu'en 1700, le curé seul signe les actes (à trois exceptions près); alors on commence à signer les actes de baptême, puis ceux de décès et enfin ceux de mariage. Quand le parrain, la marraine ou un des témoins ne sait pas signer, il fait une croix dans un cercle noir, et il y est indiqué de qui la croix remplace la signature.

En général, les archives paroissiales sont mal tenues, comme le témoigne la déclaration suivante :

« Le soussigné, curé de Pompey, a commencé à exercer dans cette paroisse à la fête de saint Jean-Baptiste 1750. Il n'a trouvé dans cette église qu'un vieux carton rempli de chiffons, d'actes de baptêmes, de mariages et de morts ».

Signé : M. BASTIEN, *curé de Pompey.*

On remarque plusieurs octogénaires et deux centenaires :

Le 5 mars 1681, mourut et fut enterré Claude Aubert, âgé de cent ans ou environ.

Le 20 novembre 1703, est décédé Didier de France, âgé de 104 ans.

Voici des événements tragiques arrivés dans la forêt de l'Avant-Garde :

» Le 26 avril 1636, furent massacrés, étant à l'Avant-Garde, Aman Jénin, Mansuy Louys, Parisot Symon, Jocob Faulconnier, Demange Paillier.

» Le 12 juin 1677, fut assassiné le sieur Antoine Duham, seigneur du Ham et de Haponcourt, dans les bois de l'Avant-Garde, avec le nommé Herman, valet de pied à monsieur le prince de Lixheim ; et le 13, les corps furent enlevés, celui du sieur Herman, inhumé le même jour au cimetière, et le 14, celui du sieur Duham, mis au chœur de l'église de céans.

» Le 13 avril 1681, fut enterré Jean Bilour, natif de Haronville, âgé de plus de 60 ans, qui fut trouvé mort dans les bois de l'Avant-Garde, avec les marques d'un bon chrétien, savoir : un chapelet dans sa poche, et un certificat en bonne forme d'avoir satisfait à son devoir de Pâques le 5 du même mois, entre les mains de M. le curé de Villey-Saint-Étienne ».

Les mentions suivantes ont rapport au culte ou à l'Église :

« Le 8 décembre 1623, fut échue la confrérie de la conception Notre-Dame, pendant les vêpres, selon la coutume, et fut échue à Mansuy Godard, en présence de la communauté, comme plus offrant et dernier enchérisseur, moyennant 20 livres de cire, qu'il doit rendre selon les us et coutumes ».

Le 8 décembre 1624, ce fut encore Mansuy Godard qui l'obtint, moyennant 26 livres 1|2 de cire.

En 1628, ce fut un nommé Didier, qui donna 28 livres de cire.

Le 9e jour de janvier 1628, fut consacrée l'église de Pompey par honoré seigneur Charles Chrétien de Gournay, évêque de Sythie, administrateur de l'évêché de Toul pour la minorité de monseigneur Nicolas François, évêque de Toul et cardinal de Lorraine. »

On ne voit dans ce registre qu'un acte de décès d'un curé de Pompey :

« Le 23 mai 1677, mourut et, le 24, fut inhumé en l'église de céans Messire-Claude Thouvenin, vivant chanoine et secrétaire du chapitre de Liverdun et curé de ce lieu, âgé de 67 ans ».

A propos des inhumations dans l'église, voici une note qui se trouve au registre :

« Nota que tous les enterrements, énoncés au présent registre dans l'église de céans, ne sont point achetés, pour les places appartenir aux familles de ceux qui y sont inhumés, mais ils ont seulement payé les droits ordinaires de l'ouverture du pavé. S'il arrive qu'on achète des places, il en sera fait mention en son lieu où on aura recours ».

A Pompey, le 14 septembre 1680.

Signé, CORNILLE,

Official du diocèse de Toul.

Voici des exemples de la concision de différents actes :

« 1626. Le 4 septembre, fut baptisé Claude, fils à Girard Dieudonné et Evotte, sa femme : parrain, monsieur de Goirand, prévôt de l'Avant-Garde, marraine Damoiselle Evre, sa femme.

1631. Le 4 juin, mourut Françoise, femme à Martin Hugo de Pompey.

1638. Le 16 janvier, épousa Claude Xaillon avec Marguerite Paillier, de Pompey.

Plus tard, les actes sont amplifiés :

1679. Le huitième mai, fut né, et le neuvième, fut baptisé Jean Nicolas, fils de légitime mariage de Nicolas Pierson et Anne Louvion, ses père et mère : parrain Jean Dinot, marraine Claudette Tillement, tous deux de cette paroisse.

1683. Le 21 septembre, après les publications et cérémonies ordinaires et accoutumées, Joseph Chrétien et Catherine Louis, tous deux de cette paroisse, reçurent la bénédiction nuptiale.

1679. Le 13 mars, mourut et le même jour fut enterrée

Elizabeth Brénon, femme à Nicolas Pierson, âgée de vingt-deux ans moins quelques jours ».

Pour que le lecteur se fasse une idée de la manière dont les actes étaient rédigés à des époques différentes, ainsi que de la société qui fréquentait les familles demeurant à Pompey, je copie quelques actes qui seront inscrits par ordre de date :

« 1625. Le 23 avril, fut baptisé Claude, fils à mons^r de Goirand, capitaine, gruyer, prévôt de l'Avant-Garde et de Damoiselle Evre, sa femme : parrain Monsieur Lambert, trésorier général à Monsieur le Prince de Phaltzbourg, marraine Damoiselle Anne, femme au Sr Lambert susdit.

1657. Le 25 mai, fut baptisée Françoise Henriette fille du Sr Jean de Condé : parrains et marraines Les Altesses de Mango et Mad^e (sic) les Prince et Princesse de Lixheim, François de Grimaldi et Henriette de Lorraine, le Sr de Choisy et la Damoiselle de Gouin.

1661. Le 24 aout, fut baptisé Charles Henry, fils du sieur Jean de Condé et Dam^{lle} Claude Thérèse Salmon, âgé d'un an et demi ou environ : parrain le Sr Charles Henry de la Manouc, marraine Dam^{lle} Anne Lambert, femme au Sr Prévôt de l'Avant-Garde.

1661. Le 2 octobre, fut baptisé François, fils de Toussaint Remion : parrain le Sr François Huvard, bourgeois de Nancy, marraine Mad^e des Belles Roses Gabriel Lambert.

1679. Le 12 Mars, fut né et le 19 baptisé Joseph, fils de George de France et Anne Dinot, ses père et mère : parrain Joseph...... marraine Dame Catherine Salmon, femme à M. de Choisy brigadier dans les chevau legers de son Altesse.

Idem. Le 18 Juin, fut né et le 19 fut baptisé Louis Nicolas, fils de François Thiriet et de Barbe Dinot, ses père et mère : parrain Nicolas Renard, de la paroisse St Sébastien de Nancy, marraine honorée Dame Marie Louise de Warro, comtesse de Chabannes.

1679. Le 3 Décembre, furent faites les cérémonies du baptême de Claude Robert, fils de légitime mariage du Sr Robert Souchot, Prévôt, capitaine de l'Avant Garde, et de Damlle Catherine Mangeot, ses père et mère : parrain le Sr Claude Lépinot, contrôleur des Salines de Rosières, marraine Marie Catherine Hachard, veuve du Sr Nicolas Renaud, vivant receveur desdites Salines. Le Baptême du dit Claude Robert ayant été fait à Nancy par le Sr Thiery, curé de la paroisse St Evre, le six aout 1677.

1684. Le 21 Juillet, fut né et le 23 fut baptisé Dominique, fils de légitime mariage de François Mercy et Anne Dinot ses père et mère : parrain Dominique François Collignon, demeurant à Nancy, marraine Damoiselle Barbe Choisy, de cette paroisse.

1686. Le 22 Mars, fut né et le 23 suivant fut baptisé

Gabriel, fils de légitime mariage de Jean An-
thoinet et Claudette Louis, ses père et mère :
parrain noble Robert Souchot , prévot de
l'Avant-Garde, marraine Madame Henriette Gabriel Lambert, veuve de Monsieur de Belrose,
vivant colonel d'infanterie au service du Roi
catholique.

1700. Le 19 novembre 1699, est né et, le 21 du même
mois, fut baptisé par feu Mr Husson, curé de ce
lieu , Nicolas François, fils légitime de Messire
Charles Joseph marquis de Sussey, Chevalier,
Seigneur et Baron de Mélay, et de Dame Char-
lotte Thérèse de Ficquémont, son épouse, ses
père et mère; et le 24 Mai de l'an 1700, il a été
apporté dans l'église pour la seconde fois, où
je lui ai appliqué et fait sur lui les prières,
exorcismes , onctions et cérémonies du baptême qui avaient été omises et différées par
ordre de Monseigneur l'Evêque de Toul et il
eut pour parrain Messire François de Ficquémont, Chevalier, Seigneur et Baron de Paroy,
commandant la 1re compagnie des chevau-
légers de la garde de S. A. R., et pour marraine Dame Françoise de Beivaut, veuve de feu
messire François, Baron de Chauvirey.

Signé CL. DE CHABANNES *prêtre et curé.*

1706. Marc François, fils de Nicolas Mercy, assesseur
et garde marteaux à la prévôté de l'avant garde,
et de Lucie Vannesson, est né le 2 janvier : son

parrain Marc François Mercy, de cette paroisse, sa marraine Elisabeth Maire, de la paroisse de Millery, diocèse de Metz.

1740. Le 24 Décembre j'ai reçu et béni les promesses de futur mariage entre le Sr Alexandre Morel, avocat en parlement, fils... etc....

avec Anastasie, fille de défunt Christophe de Reinach et de Dame Anastasie de Ferrette, de Fremin en Alsace, etc....

1748. Marie Anne, fille légitime du Sr Dominique François, substitut de la prévôté de l'Avant garde et de Damoiselle Anne Coignard, son épouse, est née et a été baptisée le 12 septembre : son parrain le S^r noble Charles Benoit Vaultrin, avocat à la cour, capitaine, prévôt et chef de police de l'Avant garde et Frouard, sa marraine la Dame Marie Anne de St Urbain, épouse de mondit Sr Vaultrin, prévôte.

Fiançailles.

1749. L'an 1749 le 27 Mai, ont été fiancés le Sr Jean François Marquet, de la paroisse St Sébastien de Nancy et Demoiselle Marie Gabrielle Blaize, de la paroisse de Pompey, et se sont promis mutuellement de se marier ensemble le plus tôt que faire se pourra et au plus tard dans quarante jours ; lesquelles promesses ont été reçues et benies par moi curé de Pompey en présence des témoins soussignés.

Suivent les signatures.

Acte de mariage.

1749. L'an 1749, le 3me du mois de Juin, après avoir ci devant publié un ban au prône de la Messe paroissiale le Dimanche 1er Juin dernier, entre Jean François Marquet, fils du Sr Dominique Marquet, marchand à Nancy, et de défunte Jeanne Quesnoy de la paroisse St Sébastien de Nancy, d'une part; et D^{elle} Marie Gabrielle Blaize, fille du Sr Pierre François Blaize, assesseur en la prévôté de l'Avant garde, Pompey et Frouard, et de Dame Marie de Mercy, ses père et mère, de cette paroisse, d'autre part : semblable publication ayant été faite dans lad^e paroisse de St Sébastien ledit 1er jour de Juin, comme il conste par le certificat du S^r curé de lad^e paroisse, du 2 Juin, sans qu'il y ait eu aucune opposition ni empêchement, je soussigné, curé de Pompey, en conséquence de la dispense des deux autres bans, accordée par Monsr l'official de Toul du 28 Mai dernier, ai reçu leur mutuel consentement de mariage et leur ai donné la bénédiction nuptiale avec les cérémonies prescrites par l'Eglise, en présence des parents et amis qui ont signé avec moi.

Suivent les signatures.

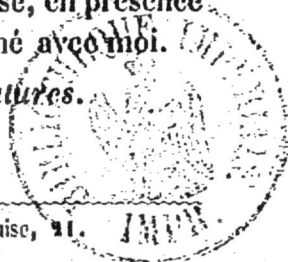

Nancy, imp. de N. Collin, rue de Guise, 21.

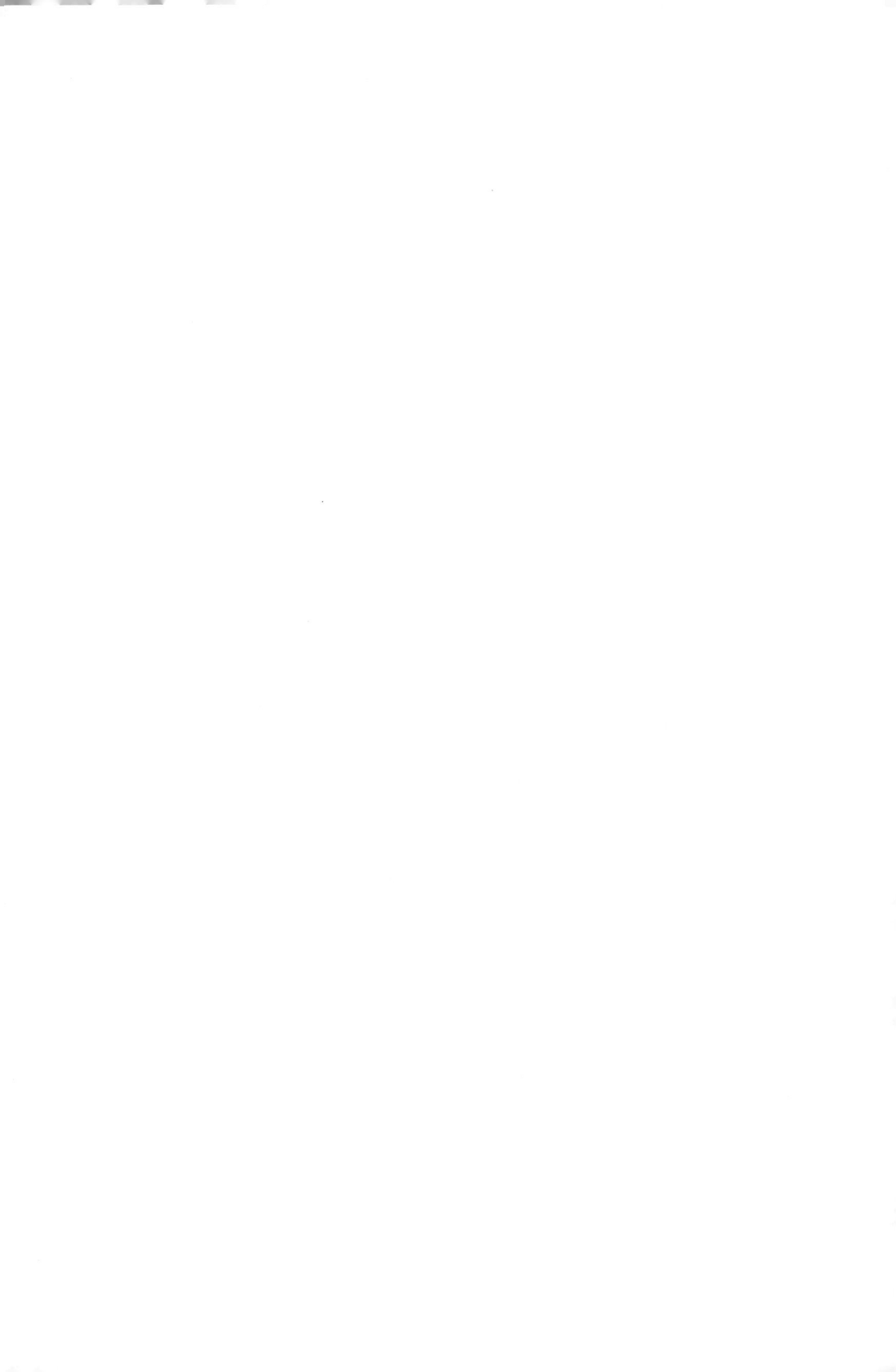

www.ingramcontent.com/pod-product-compliance
Lightning Source LLC
Chambersburg PA
CBHW060732280326
41933CB00013B/2600